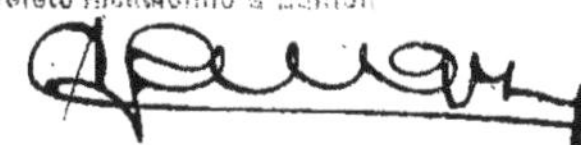

MÉMOIRE

des

BARREAUX DES AVOCATS

de la

Cour d'Appel de **Colmar** (Haut-Rhin)

et des

Tribunaux civils

de

Strasbourg et **Saverne** (Bas-Rhin)

de

Mulhouse (Haut-Rhin)

et de

Sarreguemines (Moselle)

concernant la création projetée d'une

CHAMBRE DÉTACHÉE à METZ

de la Cour d'Appel de Nancy

Mai 1926

ÉDITIONS « ALSATIA », COLMAR.

Photo Christophe, Colmar.

Cour d'Appel de Colmar
inaugurée le 17 septembre 1906

MÉMOIRE

des

BARREAUX DES AVOCATS

de la

Cour d'Appel de **Colmar** (Haut-Rhin)

et des

Tribunaux civils

de

Strasbourg et **Saverne** (Bas-Rhin)

de

Mulhouse (Haut-Rhin)

et de

Sarreguemines (Moselle)

concernant la création projetée d'une

CHAMBRE DÉTACHÉE à METZ

de la Cour d'Appel de Nancy

Mai 1926

Un projet de loi a été déposé par le Gouvernement, tendant à la création à Metz d'une « chambre détachée » de la Cour d'Appel de Nancy.

Les problèmes par là soulevés sont complexes, de solution délicate et leur portée dépasse de beaucoup le cadre local, les intérêts, parfois opposés, des diverses cités et régions d'Alsace et de Lorraine.

Il s'impose de traiter la question à la seule lumière de l'intérêt général, en toute impartialité.

C'est ce à quoi se sont efforcés les auteurs de la présente notice, laquelle s'adresse ainsi non seulement aux Alsaciens et aux Lorrains, mais encore et surtout à tous ceux que préoccupe le sort des provinces désannexées et leur réadaptation.

Historique des juridictions souveraines des provinces d'Alsace et de Lorraine. Situation avant 1871.

A titre préliminaire, un très bref historique des anciennes juridictions de Lorraine et d'Alsace ne sera sans doute pas inutile au lecteur, historique qu'il serait d'ailleurs oiseux de faire remonter au delà du milieu du XVIIe siècle.

Par l'Edit de septembre 1657, Louis XIV créa le Conseil Souverain d'Alsace siégeant à Ensisheim, avec pouvoir de connaître, décider et juger souverainement, et en dernier ressort, toutes causes civiles et criminelles.

Mais dès novembre 1661, le Conseil Souverain d'Alsace fut supprimé, et le roi établit à sa place un Conseil Provincial, dont les causes étaient jugées en dernier ressort par le Parlement qui siégeait alors à Metz.

Puis, après constatation des inconvénients que présentait cette organisation, le roi, par l'Edit de novembre 1679, rendit à la juridiction d'Alsace sa compétence d'appel. Entre temps (1674), le Conseil Souverain d'Alsace, ainsi rétabli, avait été transféré à Brisach.

Enfin, par l'Edit de mars 1698, le Conseil Souverain se trouva fixé définitivement à Colmar, où il fonctionna normalement jusqu'à sa transformation en Cour d'Appel, le 20 avril 1810.

Cette Cour étendait sa juridiction sur les deux départements du Haut-Rhin et du Bas-Rhin, avec, comme tribunaux de première instance, Colmar, Mulhouse (le tribunal d'Altkirch ayant été transféré à Mulhouse en 1859) et Belfort d'une part, Strasbourg, Saverne, Sélestat et Wissembourg d'autre part. Le ressort comprenait plus d'un million d'habitants au moment de la guerre de 1870-71.

Si l'histoire de la Cour de Colmar apparaît fort simple, celle de ses voisines de Metz et de Nancy est infiniment plus complexe :

Entre ces deux hautes juridictions existait d'ailleurs une certaine rivalité, qui n'a pas été sans influer sur la rédaction des documents qui permettent aujourd'hui de retracer l'ancienne situation; à ce point, qu'il est parfois malaisé de découvrir la vérité historique.

Primitivement, du temps des Ducs de Lorraine, la juridiction supérieure siégeait à Saint-Mihiel. Lors de la conquête de la Lorraine, en 1633, le Parlement de Lorraine restant attaché à son Duc, le roi Louis XIII, par l'Edit de 1635, supprima l'ancien Parlement de Saint-Mihiel et en attribua le ressort au Conseil Souverain qu'il avait établi à Nancy. Puis, par l'Edit du 13 juillet 1637, il en transféra la juridiction au Parlement de Metz, qui siégeait alors à Toul.

Malgré sa suppression, et durant les années de la guerre qui sévissait alors en Lorraine, l'ancien Parlement de Lorraine de Saint-Mihiel subsista : d'après les auteurs, les justiciables ne s'adressaient guère qu'à cet ancien Parlement. Ainsi s'explique qu'il ait survécu à l'Edit de 1635, pendant une période fort mouvementée, où l'on trouve sa trace à Longwy (1648), à Luxembourg (1653), à Trèves (1657-1660), à Lunéville (1661), à Epinal (1662), à Pont-à-Mousson (1663). Enfin, en novembre de cette dernière année, le Parlement fut fixé définitivement à Nancy.

Le 2 décembre 1670, Louis XIV supprima à nouveau ce Parlement et en attribua la juridiction à la Cour Souveraine de Metz. Mais la Cour Souveraine fut rétablie à Nancy en 1698.

Après la mort de Stanislas Leczinski, en mai 1771, le Parlement et la Ville de Metz sollicitèrent du roi la juridiction souveraine et la Cour des Comptes de Lorraine et Barrois, invoquant des questions de convenances, de politique et la promesse que le roi lui aurait faite en 1718 *). Le bruit de ces démarches étant parvenu à Nancy, le Parlement de cette ville fit valoir ses droits. Ce fut un véritable procès entre les deux Cours, qui se termina par la suppression du Parlement de Metz (Edit d'octobre 1771).

Quatre ans plus tard, sur les instances de la Ville de Metz, son Parlement fut rétabli, avec la juridiction qu'il avait avant sa suppression de 1771.

Ces deux Cours Souveraines de Metz et de Nancy, si longtemps rivales, cherchant incessamment à s'absorber l'une l'autre, furent transformées en Cour d'Appel après la Révolution et conservèrent leurs ressorts respectifs jusqu'en 1871 : pour la Cour de Metz, les départements de la Moselle, avec comme tribunaux Metz, Briey, Sarreguemines, Thionville; et le département des Ardennes, avec Mézières, Charleville, Rethel, Rocroy, Sedan et Vouziers (soit 800.000 habitants environ pour tout le ressort); pour la Cour de Nancy, le département de la Meurthe, avec Nancy, Château-Salins, Lunéville, Sarrebourg et Toul; le département de la Meuse, avec Bar-le-Duc, Commercy, Montmédy et Verdun; enfin le département des Vosges, avec Epinal, Mirecourt, Neufchâteau et Saint-Dié (soit plus d'un million d'habitants pour tout le ressort).

Situation après 1871.

Après les tristes années 1870-1871, la France perdit l'Alsace, moins Belfort et une partie de la Lorraine. La répartition territoriale, au

*) A ce sujet, on ne peut pas s'empêcher de faire un rapprochement entre la politique d'alors et d'aujourd'hui. L'histoire, dit-on, est un perpétuel recommencement.

point de vue judiciaire, se fit des deux côtés de la nouvelle frontière de la façon suivante :

D'une part, la Cour de Nancy se voyait augmentée de la partie non annexée de l'ancien ressort de la Cour de Metz, c'est-à-dire de l'arrondissement de Briey et du département des Ardennes.

La Cour de Metz fut supprimée et la partie annexée du département de la Moselle rattachée au ressort de la Cour de Colmar, ainsi que les arrondissements de Château-Salins et de Sarrebourg. La parcelle qui nous restait de l'Alsace, depuis appelée Territoire de Belfort, fut rattachée à la Cour de Besançon.

Etat sommaire de la législation spéciale des trois départements désannexés.

Après l'Armistice, il sembla d'abord que, tant au point de vue administratif que judiciaire, il serait simple de remettre les choses en leur état d'avant 1871.

Mais, à la réflexion, la réalisation d'un tel rétablissement apparut, et apparaît encore à l'heure actuelle, comme impossible.

Au cours des quarante-huit années que dura l'occupation allemande, les habitants des provinces aujourd'hui désannexées et ceux restés Français eurent des relations empreintes surtout d'idéalisme, de part et d'autre. On a souvent oublié les réalités objectives de ce demi-siècle où, dans tous ces pays, une évolution économique et sociale a influé profondément sur la législation et la jurisprudence. Bien des lois sont venues modifier ou compléter la législation qui existait en France au moment de la séparation et en Alsace et Lorraine. Le changement à ce point de vue a été, on peut dire, total.

C'est pour cette raison que le législateur a estimé qu'il y avait lieu de maintenir le droit existant au moment de l'Armistice, se réservant de le modifier dans la suite, de manière à parvenir, par échelons, à l'unité désirable.

Jusqu'en 1925, dans son ensemble, la législation est ainsi restée ce qu'elle était auparavant.

Lois du 1er juin 1924 sur l'introduction de la législation civile et commerciale française.

Au 1er janvier 1925, par l'entrée en vigueur de la loi du 1er juin 1924, un grand pas a été franchi vers la réadaptation. Néanmoins,

Photo Christophe, Colmar.

Conseil Souverain d'Alsace
Cour d'Appel de Colmar — jusqu'en 1906.

dans les trois départements recouvrés, la législation demeure fort différente de celle existant dans les autres.

Législation civile.

Sans doute, la législation civile est maintenant rétablie en principe. Mais nombreuses et importantes sont les institutions de droit local que le législateur a considéré comme devant nécessairement subsister. Parmi elles, il convient de citer, à titre d'exemples, la législation sur les livres fonciers, sur les assurances sociales, celles des mines, des cours d'eau navigables et flottables, des associations, des coopératives, de la chasse et de la pêche, etc...

Législation commerciale

En droit commercial, il faut noter, comme maintenues en vigueur, concurremment avec le Code de commerce français, les dispositions locales qui sont relatives aux inscriptions sur les livres de commerce, le code des professions, les lois sur les sociétés anonymes, les sociétés coopératives, les contrats d'assurance, les banques hypothécaires, etc...

Droit administratif.

En matière de droit administratif, bien des lois françaises n'ont pas été introduites, notamment une grande partie de la législation fiscale.

Procédure.

La procédure locale a été maintenue en vigueur. Elle est entièrement différente et beaucoup plus simple que celle du droit français.

Il suffira, à cet égard, d'indiquer que le ministère de l'avoué n'y existe pas, les significations peuvent se faire par la voie postale, etc... Vouloir exposer ici les différences essentielles entre les deux procédures entraînerait à un véritable cours de droit comparé.

Organisation judiciaire.

L'organisation judiciaire, régie en Alsace et Lorraine par la loi du 25 juillet 1923, présente aussi des dissemblances importantes d'avec celle qui existe dans les provinces n'ayant pas connu l'annexion. La compétence des Tribunaux cantonaux est bien plus étendue que celle des Justices de paix. On ne connaît pas de Tribunaux de commerce, mais seulement des Chambres commerciales présidées par un magistrat de profession, assisté de deux assesseurs commerçants.

Enfin, il n'existe pas de charges d'officiers ministériels. Les notaires, greffiers, huissiers ne sont pas titulaires de charges vénales, et restent en partie soumis à une organisation spéciale.

Caractère transactionnel des lois d'introduction des codes civil et de commerce.

Par ce court exposé de la législation en vigueur, l'on voit qu'il existe encore pour les trois départements désannexés un régime spécial ; sans doute, grâce à la loi du 1er juin 1924, présente-t-il de grandes analogies avec la législation des autres départements au point de vue du fond du droit ; mais il s'en sépare encore complètement au point de vue de la procédure et de l'administration judiciaire.

Il convient, d'ailleurs, de ne pas oublier que la loi du 1er juin 1924 n'est entrée en vigueur que le 1er janvier 1925, que de nombreux contrats passés sous l'ancienne législation devront être interprétés sur les bases de l'ancien droit local. D'autre part, on ne saurait assez souligner que les deux lois du 1er juin 1924 établissent une transaction entre deux régimes législatifs entièrement différents; que, par suite, elles présentent de réelles difficultés d'application, laissant une large place à l'interprétation jurisprudentielle.

Les difficultés, issues de l'application de la loi d'interdiction, viennent à peine de naître. Et déjà on en peut apprécier l'importance, la gravité par les circulaires ministérielles des 1er décembre 1924 et 25 octobre 1924, et aussi en jetant un coup d'œil sur l'important ouvrage élaboré sous la direction de M. Niboyet, professeur à la Faculté de droit de Strasbourg, intitulé : « Répertoire pratique de Droit et de Jurisprudence d'Alsace et de Lorraine ».

Difficultés d'application des lois d'introduction; large place laissée à l'interprétation jurisprudentielle; nécessité d'avoir rapidement une jurisprudence unifiée.

Il n'appartient pas aux auteurs de cette note d'apprécier les lois du 1er juin 1924, ni de se prononcer sur le système de l'introduction partielle des lois françaises. Mais il leur apparaît qu'en présence de cette législation toute spéciale, composée de deux droits différents, dont les dispositions viennent se heurter, l'intérêt des justiciables exige que la jurisprudence se forme rapidement, nette et précise. S'il n'en était pas ainsi, on verrait les tractations devenir très difficiles, pour ne pas dire impossibles dans certains cas.

A défaut d'une jurisprudence unique sur les nombreux points qui sont laissés à l'appréciation des tribunaux, les avocats, les notaires, les hommes de loi ne pourront, le plus souvent, pas conseiller les justiciables à bon escient.

L'incertitude régnant, les conventions auraient peine à se former; les échanges commerciaux en subiraient un ralentissement inéluctable; les industries en ressentiraient le contre-coup.

Cette situation délicate n'a échappé ni au législateur, ni aux rédacteurs de la circulaire du 1er décembre 1924 sur l'introduction des lois civiles françaises :

« De là, une nécessité constante de délimiter le domaine des lois « introduites et celui qui est provisoirement réservé aux lois locales. « Le législateur n'a pu prévoir expressément toutes les difficultés qui « en résultent et a dû se borner souvent à des indications générales. « Il appartiendra aux tribunaux de s'en inspirer pour établir progres- « sivement leur jurisprudence. »

La création d'une «chambre détachée» à Metz entraînerait une dualité de jurisprudence.

D'ores et déjà, le lecteur qui aura bien voulu suivre cet exposé relatif à la législation actuelle d'Alsace et Lorraine, se rend compte que la création d'une « Chambre séparée » à Metz viendrait heurter l'œuvre du législateur, en divisant infailliblement la jurisprudence.

Si le projet de loi était adopté, deux jurisprudences naîtraient sur une matière où il importe qu'elle soit unique, surtout si l'on considère l'étendue territoriale relativement restreinte du ressort actuel de la Cour de Colmar.

Un malaise général s'ensuivrait dans les trois départements, résultant de l'incertitude où l'on serait de connaître le droit nouveau jurisprudentiel et de la lenteur avec laquelle il s'établirait. Sans doute, objectera-t-on que, si la Chambre de Metz venait à avoir une jurisprudence différente de celle de la Cour de Colmar, cela ne changerait pas grand'chose à la situation, dès l'instant qu'à la Cour de Colmar il y a deux chambres civiles, qui ont eu parfois des jurisprudences opposées sur certaines questions.

La réponse est aisée :

Effectivement, sur quelques rares points, les deux chambres de la Cour de Colmar ont eu, à un moment donné, des vues différentes ; mais cette divergence eût été bien plus accentuée, si les magistrats qui composent ces chambres n'avaient eu à collaborer, à discuter, à travailler, à rechercher ensemble leur documentation ; par là, s'est produite entre eux une communion d'idées favorable à une jurisprudence unique, communion qui, certes, n'eût jamais existé, si les uns avaient été à Colmar, les autres à Metz.

Et, pour totalement mettre à néant une telle objection, il convient de signaler que, s'inspirant des impérieuses considérations plus haut relatées, en face de la nécessité d'avoir une jurisprudence rapide, claire, précise, les deux chambres civiles de la Cour de Colmar se sont, pour ainsi dire, spécialisées dans les différentes matières qui leur sont soumises, si bien que depuis plusieurs mois la dualité de jurisprudence sur les matières si délicates de la législation spéciale de nos départements n'existe virtuellement plus entre les deux chambres de la Cour. Cette spécialisation pour la connaissance de toutes les affaires encore soumises à une législation spéciale et leur concentration comportent, outre la fixité de la jurisprudence, une expédition plus rapide des affaires.

La création d'une Chambre détachée à Metz viendrait briser le monument jurisprudentiel édifié par les magistrats d'une haute conscience, d'une science juridique approfondie et d'un désintéressement au-dessus de tout éloge, qui font preuve, dans l'application si délicate des nouvelles lois du 1er juin 1924, d'une valeur donnant à espérer d'heureuses solutions pour les difficultés auxquelles on se heurte presque journellement.

Avis des magistrats sur la question.

Les auteurs de cette notice croient pouvoir affirmer que leur avis sur l'inopportunité de la création envisagée est partagée par des magistrats de la Cour et des Tribunaux, en particulier par M. le Premier-

Président, et les Présidents des Tribunaux de première instance, notamment par M. le Président du Tribunal de Metz.

Tel était aussi le sentiment de la Commission de Législation du Sénat qui, en 1920, rejetait, d'accord avec le Garde des Sceaux de l'époque, M. Barthou, les revendications de la Ville de Metz, tendant à la création d'une Chambre détachée de la Cour de Colmar.

A côté du grave inconvénient d'importance primordiale, qui vient d'être relevé, on pourrait en signaler une foule d'autres.

En voici les principaux :

Difficultés qui surgiraient entre la Cour d'appel et sa «Chambre détachée».

La création de ce que le projet de loi appelle une « Chambre détachée » de la Cour de Nancy, ferait naître, au point de vue de l'administration de la justice, maintes difficultés.

Cette Chambre détachée, en effet, dont il n'existe pas de précédent en France, serait soumise à une législation différente de celle qui régit la cour dont elle dépendrait. Qu'on se rappelle le résumé succinct fait plus haut de la législation spéciale, notamment en ce qui concerne la procédure, la différence dans la situation des auxiliaires de la justice, l'absence d'avoué, les conditions spéciales des notaires, des huissiers, des greffiers, la tenue et le contrôle des livres fonciers, etc., et bien des difficultés apparaîtront, trop longues à exposer ici, qui ne manqueraient pas de naître entre la Cour et sa « Chambre détachée ».

Inconvénients d'ordre budgétaire.

Dans un ordre d'idées, que d'aucuns se plaisent à tenir pour secondaire, et qui pourtant, en raison des difficultés financières actuelles, a son importance, il s'impose également d'examiner les conséquences budgétaires de la création envisagée.

A la suite de la création d'une Chambre détachée à Metz, dont le personnel serait pris sur la Cour de Colmar, celle-ci, avec une seule Chambre civile, serait insuffisante pour les besoins de son ressort, quoique diminuée de Metz ; il serait nécessaire d'en créer une nouvelle.

A Metz, il faudrait au minimum un Président de Chambre, cinq conseillers, un avocat-général, des greffiers et du personnel subalterne, mais les magistrats seraient privés des vacances auxquels ils ont droit, puisque, nonobstant les vacances, la Cour doit pouvoir siéger, et qu'un roulement ne pourrait être établi avec un aussi petit nombre de magistrats. On se souvient, en effet, que les magistrats composant les tribunaux ne peuvent suppléer ceux des Cours d'Appel. Il en résulte qu'il faudrait augmenter notablement le nombre des magistrats, ce qui alourdirait sensiblement le budget, compte non tenu des dépenses nouvelles à engager pour les frais de la Cour, sans que pour autant celles de Colmar fussent diminuées. Il faudrait, en plus, créer deux emplois de greffiers payés par l'Etat.

Arguments que fait valoir la Ville de Metz.

Mais tout cela serait, à entendre les protagonistes des revendications messines, détail minime. D'après eux, le seul intérêt du justiciable prime tout.

Et, dans leur thèse, cet intérêt se trouverait lésé, du fait des lenteurs judiciaires et des frais considérables imposés aux plaideurs, lenteurs et frais tenant à la distance qui sépare Metz de Colmar.

A la vérité, de tels arguments ne résistent guère à un examen sérieux.

Tout d'abord, avec les moyens de communication modernes, un trajet de 224 km est bien peu de chose, surtout quand les villes intéressées se trouvent sur une ligne directe (Bruxelles-Bâle) et que les express ne mettent guère que 3 h. $\frac{1}{2}$ à les franchir.

Prétendre que le cours de la justice est par là entravé, c'est soutenir que maintes grandes villes de France se trouvent trop loin de leur Cour d'Appel.

Au surplus, le plaideur au civil qui assiste à l'audience où vient son affaire constitue l'infime exception.

Reste alors le transfert des détenus pour l'audience de la Cour.

Le nombre de ceux qui relèvent appel est bien restreint et l'on ne voit pas que leur transfert puisse alourdir le Budget, dès l'instant que les Chemins de fer d'Alsace et de Lorraine appartiennent à l'Etat et que l'on ne modifie pas leur marche pour cette raison.

La création d'une Chambre détachée constituerait un précédent; désorganisation dans la compétence territoriale de certains tribunaux de première instance.

Cette innovation d'une « Chambre détachée » créerait un précédent et on ne conçoit pas pour quelles raisons certaines autres villes de France, se basant sur ces considérations pratiques, historiques et sentimentales, ne présenteraient pas la même revendication.

En ce qui concerne les trois départements du Haut-Rhin, du Bas-Rhin et de la Moselle, des perturbations seraient inévitables.

En effet, si les raisons historiques et sentimentales suffisaient pour emporter la création d'une Chambre détachée à Metz, les villes de Thionville, de Sélestat et de Wissembourg réclameraient à leur tour le Tribunal qu'elles ont perdu après 1871.

La Ville de Colmar ne manquerait pas de se plaindre de la diminution de son ressort et revendiquerait le Territoire de Belfort, qui faisait partie du département du Haut-Rhin avant 1871. (Voir à ce sujet, en annexes, la délibération du Conseil municipal de Colmar et de la Chambre de commerce.)

D'autres difficultés naîtraient, inéluctables. Déjà l'on voit la ville de Saverne s'inquiéter de ce que cette création ferait perdre à son Tribunal les cantons de Sarrebourg, Phalsbourg, Lorquin, Réchicourt et Fénétrange, qui entreraient dans le ressort de la Chambre de Metz. (Voir, à la fin de cet exposé, la décision du Conseil municipal de Saverne en date du 21 octobre 1925, et la lettre du Président de la Chambre de commerce de Strasbourg à M. le Garde des Sceaux, du 23 octobre 1925.)

C'est ainsi que Phalsbourg ne serait plus du ressort du Tribunal de Saverne, alors que la distance qui sépare ces deux villes n'est que de 11 km, et entrerait dans celui du Tribunal de Metz qui est à 104 km, ou de celui de Sarreguemines qui est à 77 km. De même pour Sarrebourg, qui n'est qu'à 26 km de Saverne, et qui se trouverait rattaché à Metz (88 km), ou à Sarreguemines (55 km). Lorquin est à 35 km de Saverne et à 97 km de Metz, et enfin Fénétrange se trouve à 43 km de Saverne et à 81 km de Metz.

D'un autre côté, par l'attribution à Metz du ressort du département de la Moselle, les cantons de Drulingen et de Sarre-Union entreraient dans le ressort du Tribunal de Saverne. Alors que les justiciables peuvent se rendre à pied à Sarreguemines, ils seraient obligés, pour aller à Saverne (88 km), de prendre le chemin de fer et de changer de train à Sarrebourg, les relations n'étant pas directes. (Voir aussi, à la fin de l'exposé, la décision du Conseil municipal de Sarreguemines.)

La Ville de Strasbourg, à son tour, revendiquerait comme étant du ressort de son Tribunal l'arrondissement de Sélestat, qui dépend du Tribunal de Colmar.

Il serait oiseux d'insister sur de pareilles difficultés.

Il s'impose que, pour le moment, dans l'intérêt de tous, il est préférable de ne pas bouleverser toute l'organisation judiciaire dans les départements désannexés, et cela au moment précis où un mouvement très net se forme, dans toute la France, pour la suppression de nombreux Tribunaux et même de certaines Cours d'Appel.

Fera-t-on valoir que la Chambre détachée à Metz présenterait l'avantage de servir de Cour de renvoi, lorsqu'un arrêt de la Cour de Colmar aurait été cassé, de même que celle de Colmar remplirait cette fonction, si un arrêt de la Chambre de Metz venait à être cassé ? Cela éviterait l'inconvénient existant actuellement, lorsque, pour les matières touchant au droit local, la Cour de Cassation est obligée de renvoyer les arrêts cassés de la Cour de Colmar à une autre Chambre de la même Cour. A vrai dire, on ne voit pas quel inconvénient il peut y avoir à ce qu'une affaire soit ainsi renvoyée à une même Cour, dès l'instant qu'elle n'est pas soumise aux mêmes juges. La haute conscience et la valeur professionnelle des magistrats qui composent les différentes Chambres, présentent à ce sujet des garanties suffisantes, pour qu'il ne soit pas besoin d'insister davantage sur ce point. Au surplus, lorsqu'il s'agira d'une question touchant le fond du droit et qu'aucune disposition de la législation locale ne sera invoquée, il sera loisible à la Cour de Cassation de renvoyer l'affaire à n'importe quelle Cour qu'il lui plaira de désigner.

Une dualité de jurisprudence aurait pour conséquence un malaise qui serait certainement exploité dans un sens anti-français.

Restent alors les considérations d'ordre national. Dans le maintien du *statu quo*, les Messins verraient une marque de défaveur du pays vis-à-vis d'eux.

Mais ne convient-il pas de mettre en parallèle de ce mouvement d'opinion, peut-être un peu factice, le malaise qui sévirait infailliblement dans les trois départements du fait de la dualité de jurisprudence et de la désorganisation du service judiciaire, précisément en ce qui concerne l'application des lois d'introduction du droit français ?

Une telle situation serait exploitée, non pas auprès de quelques citadins fiers de leur illustre ville, mais dans toute la population d'Alsace et de Lorraine, par les manœuvres d'une politique qu'on ne peut que déplorer et condamner, mais dont il serait vain de nier l'existence.

En tous cas, il convient de ne point leur forger des armes.

Intérêt des justiciables et intérêt général.

En résumé, il paraît bien que les seules raisons d'ordre sentimental, si respectables soient-elles, ne sauraient prévaloir contre l'intérêt général, intérêt de tous les justiciables, y compris les Messins, dont certainement un grand nombre se rendent compte que leur intérêt d'avoir une jurisprudence unique dans cette période de transition, est plus impérieux que celui qu'ils basent sur des raisons historiques.

L'intérêt des justiciables n'est pas exclusivement celui des populations qui habitent dans les trois départements recouvrés, mais aussi celui des habitants de la France entière, qui devront être guidés, eux aussi, par une jurisprudence unique, pour que les relations sociales et économiques qu'ils entretiennent avec les provinces désannexées ne soient pas soumises, en quelque sorte, à une « double dualité » de droit ; en effet, si un Parisien contracte avec un des habitants de l'un des trois départements, il éprouvera plus de difficultés que s'il contracte avec un Lillois ou avec un Bordelais, parce qu'il sera obligé de s'informer de l'état législatif et jurisprudentiel en Alsace et Lorraine ; mais le lecteur jugera lui-même, en admettant qu'une Chambre détachée existe à Metz, du grand embarras dans lequel notre Parisien se trouvera, s'il doit d'abord résoudre la question de savoir si la Chambre de Metz ou la Cour de Colmar est compétente, car suivant le cas, la tendance de la jurisprudence pourrait être différente ou risquerait de le devenir ; cet état amènerait, en cas de litige, de graves complications et des conflits nouveaux.

L'Alsace et la Lorraine ont subi ensemble le sort de l'annexion : elles sont revenues à la France de même ; la logique veut qu'ensemble aussi elles s'acheminent vers l'assimilation, sans qu'aucune dualité ne puisse survenir au cours de cette évolution.

Le législateur a considéré que la réadaptation ne pouvait se faire que progressivement ; qu'on ne pouvait renverser brusquement un état de choses que les annexants avaient mis près de cinquante ans à établir; et que des législations comme celles des assurances sociales et d'autres ne pouvaient être changées, que lorsque toute la France serait dotée d'institutions correspondantes.

Tous les bons esprits seront d'accord pour estimer que c'est là le seul moyen de saluer, dans le temps le plus rapproché possible, le jour où sera réalisée l'unification complète de la législation sur tout l'ensemble du territoire national.

Les Bâtonniers

des Ordres des Avocats **près la Cour d'Appel de Colmar**

et

près les Tribunaux Civils de Strasbourg, Mulhouse, Saverne et Sarreguemines

Kuntz *Schmoll* *Simon*

Fetter *Richard*

P.-S. — Le présent opuscule était rédigé dès avant le dépôt du projet de loi du 1er avril 1926. Les auteurs se réservent de répondre ultérieurement à ce projet et à son exposé des motifs.

ANNEXES

ANNEXE No. 1

DÉLIBÉRATION

du Conseil Municipal de Colmar

du 13 octobre 1925.

Considérant que la création d'une Cour d'Appel à Metz porterait une atteinte grave aux intérêts de la Ville de Colmar ;

Que cette mesure enlèverait au ressort de la Cour d'Appel de Colmar le département de la Moselle et à la Cour un tiers des affaires, une partie des magistrats, avocats et greffiers ;

Que la Cour d'Appel de Colmar serait ainsi réduite au-dessous de l'importance qu'elle avait avant 1870, le Territoire de Belfort n'étant plus rattaché au département du Haut-Rhin ;

Considérant que l'intérêt des justiciables exige l'unité de l'administration judiciaire et de la juridiction, durant la période de transition dans les trois départements recouvrés ;

Considérant que la Cour d'appel de Colmar fonctionne normalement pour les trois départements depuis six ans et qu'aucun motif impérieux n'existe, à l'heure actuelle, qui nécessiterait la création d'une Cour d'Appel à Metz ;

Considérant que la Ville de Colmar a dû faire, durant l'occupation allemande, de lourds sacrifices pour conserver la Cour avec son ressort actuel à Colmar et pour empêcher son transfert à Strasbourg, que la Ville de Colmar a été soutenue dans cette lutte par la Chambre de Commerce de Metz;

Que la Ville de Colmar ne pourrait accepter, à l'avenir, aucun changement du ressort de la Cour d'Appel, qui ne rétablirait pas l'ancien ressort de la Cour d'Appel ayant existé avant 1870 ;

Le Conseil Municipal de Colmar :

Estime que le moment pour rétablir la Cour d'Appel à Metz n'est pas encore venu et que, dans l'intérêt des justiciables, la réalisation de cette mesure doit être remise ;

Proteste formellement contre un projet de loi qui aurait pour objet la création d'une Cour d'Appel à Metz, sans rétablir l'ancien ressort de la Cour d'appel de Colmar, comprenant le Bas-Rhin, le Haut-Rhin et le Territoire de Belfort ;

Charge M. le Maire de transmettre cette résolution à M. le Président du Conseil et M. le Garde des Sceaux, et de faire toutes démarches utiles pour rendre le Gouvernement attentif au grand tort que porterait à la Ville de Colmar un projet de loi qui donnerait uniquement satisfaction aux revendications de la Ville de Metz, en lésant profondément le statut de la Cour d'Appel de Colmar et les intérêts de la Ville de Colmar.

(*Suivent les signatures.*)

ANNEXE No. 2.

DÉLIBÉRATION

de la Chambre de Commerce de Colmar concernant le projet de création d'une Cour d'Appel à Metz.

Séance plénière du 20 octobre 1925

Présidence de M. André KIENER

La Chambre de Commerce de Colmar :

Considérant qu'une demande a été formulée auprès de M. le Président du Conseil, en vue d'obtenir qu'une Chambre de la Cour d'Appel de Nancy soit détachée pour Metz ;

Qu'à la suite de cette demande, le Gouvernement a pris l'initiative d'un projet de loi donnant satisfaction à ce désir ;

Que la réalisation de ce projet équivaudrait à la création, en Alsace et en Lorraine, d'une seconde Cour d'Appel à côté de celle de Colmar, qui fonctionne normalement, avec son ressort actuel, depuis plus de cinquante ans ;

Que la réalisation de ce projet aurait surtout le grand inconvénient de rompre l'unité de jurisprudence en Alsace et en Lorraine, et de provoquer ainsi des arrêts contradictoires, d'autant plus à craindre que la Chambre détachée de la Cour d'Appel de Nancy — donc de droit français — aurait à Metz à rendre ses jugements suivant le droit local, qui diffère encore sur de nombreux points du droit appliqué à l'intérieur de la France ;

Que, même si du personnel juridique de Colmar se trouvait transporté à Metz, la concordance de vues ne serait bientôt plus assurée, d'où arrêts contradictoires, qui ne manqueraient pas d'entraîner de nombreux pourvois en cassation onéreux, venant retarder la solution des affaires ;

Que, de plus, cette mesure causerait un grave préjudice à la Ville et à la région de Colmar, en diminuant du tiers environ le ressort de sa Cour d'Appel ;

Émet le vœu :

Que le Gouvernement abandonne ce projet ; car, s'il était exécuté, il en résulterait, outre les inconvénients précités, des dépenses supplémentaires pour le Trésor, à un moment où s'impose, plus que jamais, une politique de stricte économie.

Pour extrait conforme.

Pour le Président de la Chambre de Commerce :

Le Secrétaire général,

ANNEXE No. 3.

DÉLIBÉRATION

du Conseil Municipal de Saverne.

Séance extraordinaire du 21 octobre 1925.

Présents à l'ouverture de la séance : MM. H. Wolff, maire ; Naegel et d'Arlon, adjoints ; Bossler, Chable, Cromback, Ferber, Fetter, Gilliot, Haemmerlin, Hausser, Merckling, Müller, Noth, Schauffler, Schissélé, Schuhler, Simon, Walter, Weber.

Le Conseil municipal de Saverne, ayant appris que le Gouvernement avait décidé de déposer un projet de loi, tendant à la création à Metz d'une Cour d'Appel, dont le ressort comprendrait tout le département de la Moselle, s'est réuni en séance extraordinaire le 21 octobre 1925 et, après avoir entendu le rapport de M. le Maire et après en avoir délibéré, a pris à l'unanimité la décision suivante :

Considérant que l'incorporation au ressort de la Cour d'Appel de Metz des cinq cantons de la Moselle : Sarrebourg, Phalsbourg, Lorquin, Réchicourt et Fénétrange, qui ressortissent actuellement au Tribunal de première instance de Saverne (Bas-Rhin), causerait à la Ville de Saverne un préjudice considérable et serait de nature à mettre en question le statut de son tribunal ;

Considérant qu'en effet ces cinq cantons représentent, comme nombre d'habitants, environ le tiers de l'ensemble des habitants du ressort actuel du Tribunal de Saverne, et que la proportion du nombre des procès est à peu près la même ;

Considérant que la création d'une Cour d'Appel à Metz, comprenant toute la Moselle, aurait, d'autre part, pour conséquence logique le rattachement au Tribunal de Saverne des deux cantons du Bas-Rhin (Drulingen et Sarre-Union), qui ressortissent actuellement au Tribunal de première instance de Sarreguemines (Moselle) ;

Mais considérant, qu'en raison du faible nombre d'habitants et du peu d'importance de ces deux cantons, le gain ne saurait, en aucune façon, compenser la perte qu'éprouverait la Ville et le Tribunal de Saverne ;

Considérant que, dans ces conditions, il y aurait intérêt à ne créer la Cour d'Appel à Metz que pour les *ressorts actuels* des deux Tribunaux de première instance de Metz et Sarreguemines et à ne pas séparer du Tribunal de première instance de Saverne les cinq cantons de Sarrebourg, Phalsbourg, Lorquin, Réchicourt et Fénétrange, dont les quatre premiers sont d'ailleurs beaucoup plus rapprochés de Saverne que de Metz ou de Sarreguemines ;

Considérant que, si entre la Moselle et le Bas-Rhin la limite administrative devait coïncider avec la limite judiciaire, on ne voit pas pourquoi il en serait autrement pour le Bas-Rhin et le Haut-Rhin ;

Considérant que, par conséquent, pour le cas de la séparation des cinq cantons de la Moselle du Tribunal de Saverne, il faudrait rattacher à un Tribunal du Bas-Rhin les cantons de Barr et de Sélestat (Bas-Rhin), qui ressortissent actuellement au Tribunal de première instance de Colmar (Haut-Rhin) ;

Considérant qu'il faudrait ainsi répartir tout le Bas-Rhin entre ses deux Tribunaux de première instance qui sont à Strasbourg et Saverne ; et qu'il y aurait lieu de rattacher à Saverne, non seulement les cantons de Drulingen et de Sarre-Union, mais encore d'autres cantons voisins, de manière à maintenir au Tribunal de Saverne l'importance qu'il a depuis plus de cinquante ans ;

Considérant que la Ville de Saverne, fière de son passé patriotique, a conscience de ne pas avoir mérité d'être lésée d'une façon si sensible et si inattendue ;

Le Conseil municipal charge une délégation, composée de M. le Maire et de M. Schisselé, conseiller municipal, de se mettre sans délai en rapports avec le Gouvernement et les Parlementaires du Bas-Rhin, et de prendre toutes les mesures qui lui paraîtront nécessaires pour sauvegarder les intérêts de la Ville de Saverne, gravement compromis par le projet de loi en question.

(*Suivent les signatures.*)

ANNEXE No. 4.

Avis de la Chambre de Commerce de Strasbourg.

Strasbourg, le 23 octobre 1925.

Monsieur le Garde des Sceaux, Ministre de la Justice, Paris.

Monsieur le Garde des Sceaux,

La Chambre de Commerce de Strasbourg a appris récemment, par la voie de la presse, que le Gouvernement avait l'intention de déposer, lors de la prochaine rentrée des Chambres, un projet de loi portant création d'une Cour d'Appel à Metz.

Il n'appartient pas à ma Compagnie de prendre position vis-à-vis d'une modification de l'organisation judiciaire existant dans nos trois départements recouvrés, mais il lui paraît indispensable, par contre, d'attirer votre bienveillante attention sur les conséquences que cette réforme serait de nature à provoquer au point de vue de l'examen des litiges commerciaux, ainsi qu'au point de vue de l'importance économique de certaines villes, qui sont actuellement le siège d'un Tribunal de première instance.

Nous nous bornerons tout d'abord à rappeler que l'organisation judiciaire actuelle des trois départements recouvrés présente certaines particularités et que, notamment, le ressort des Tribunaux de première instance ne coïncide pas avec les limites des départements. C'est ainsi que le ressort du Tribunal de première instance de Sarreguemines empiète sur le département du Bas-Rhin, où il absorbe les cantons de Drulingen et de Sarre-Union et que, d'un autre côté, le ressort du Tribunal de première instance de Saverne déborde largement sur le territoire de la Moselle, où il absorbe un certain nombre de cantons.

Il semble dès lors que, dans l'éventualité de la création d'une Cour d'Appel à Metz, les ressorts des Tribunaux de première instance de Saverne et de Sarreguemines se trouveront scindés en deux, la partie mosellane de ces Tribunaux étant désormais rattachée à la Cour d'Appel de Metz, la partie bas-rhinoise demeurant dépendante de la Cour d'Appel de Colmar. Or, une telle conséquence comporte certains inconvénients graves que nous devons vous exposer.

En premier lieu, les ressortissants du Bas-Rhin qui se trouvent dans les cantons de Sarre-Union et de Drulingen, et qui dépendent actuellement du Tribunal de première instance de Sarreguemines, se verraient avec le plus vif déplaisir rattachés désormais à un autre Tribunal. En effet, des facilités de communications très grandes les relient actuellement à Sarreguemines, alors que leur rattachement à Saverne ou à Strasbourg comporterait pour eux des déplacements longs et coûteux.

D'un autre côté, les commerçants de Saverne s'inquiètent, dès à présent, de l'éventualité d'une modification de l'organisation judiciaire, qui aurait pour effet de restreindre le ressort du Tribunal de cette ville, et par conséquent l'importance économique de celle-ci.

D'une manière générale, il semble donc qu'un mouvement très net se dessine, dans notre département, en faveur du *statu quo,* et il m'a paru nécessaire de vous signaler, à toutes fins utiles, les conséquences ci-dessus de la réforme projetée.

Veuillez agréer, Monsieur le Garde des Sceaux, l'assurance de ma très haute et respectueuse considération.

Le Président de la Chambre de Commerce,
Signé : F. HERRENSCHMIDT.

ANNEXE No. 5.

DÉLIBÉRATION

du Conseil Municipal de Sarreguemines.

Le nombre des Conseillers municipaux en exercice est de vingt-sept.

L'an mil neuf cent vingt-cinq, le vingt et un octobre.

Le Conseil municipal de la Ville de Sarreguemines, légalement convoqué, s'est assemblé au lieu ordinaire de ses séances, sous la présidence de M. H. Nominé, Maire.

Présents : MM. Groh, Schmitt, Meyer et Frantz adjoints ; Risch, Weber, Zahm, Bour, Kœhlé, Bletsch, Dietsch, Mosser, Reiser, Huth, Krebs, Klauth, Fest, Cagnion, Aujard et Huck, conseillers municipaux, formant la majorité des membres en exercice.

Absents : MM. Hollender, Kirch, Ehrmann, Uhry, Wolff, conseillers municipaux.

ORDRE DU JOUR :

... j) M. AUJARD donne lecture de la rédaction du vœu suivant, exprimé par le Conseil municipal, avant d'aborder l'ordre du jour :

« Le Conseil municipal de la Ville de Sarreguemines, adoptant les considérants de la communication de l'Ordre des avocats du Barreau de Sarreguemines (Moselle), communication qui lui a été faite par M. Aujard, avocat et conseiller municipal à Sarreguemines, concernant la création d'une Chambre de Cour d'Appel à Metz, détachée de la Cour d'Appel de Nancy, et dont le texte est donné ci-dessous (voir annexe), émet le vœu suivant :

« Que la délimitation de l'arrondissement judiciaire de Sarreguemines (Moselle) soit conservée telle qu'elle existe aujourd'hui ;

« Que la compétence territoriale de la Cour d'Appel de Colmar soit maintenue sur les lieux où elle exerce actuellement ;

« Qu'en aucun cas une Cour d'Appel, respectivement une Chambre d'Appel, ne soit créée à Metz, qui distrairait les habitants de Sarreguemines de la Cour d'Appel de Colmar. »

Le Conseil municipal, par toutes les voix, décide en conformité.

(SUIVENT LES SIGNATURES.)

ANNEXE No. 6.

Résolution du Conseil Général du Haut-Rhin
dans sa séance du 7 mai 1926.

Attendu que le projet de loi du 1er avril 1926, portant rattachement du département de la Moselle au ressort judiciaire de la Cour d'Appel de Nancy, et concernant la création d'une Chambre détachée de la Cour d'Appel de Nancy à Metz, prévoit la suppression de la troisième Chambre de la Cour d'Appel de Colmar ;

Attendu que le ressort de la Cour d'Appel de Colmar doit être, de ce chef, réduit aux deux départements du Haut-Rhin et du Bas-Rhin, tandis que celui de la Cour d'Appel de Nancy comprendra cinq départements ;

Attendu que la Cour d'Appel de Colmar serait ainsi réduite à une importance moindre que celle qu'elle possédait avant 1870, où le Territoire de Belfort faisait encore partie du Haut-Rhin ;

Attendu que le Conseil général du Haut-Rhin ne peut accepter une lésion aussi grave des intérêts de son département et de son chef-lieu ;

Pour ces motifs :

Le Conseil général du Haut-Rhin proteste de la façon la plus formelle contre la diminution de la Cour d'Appel de Colmar, et déclare ne pouvoir donner son assentiment à aucun projet de loi qui apporterait un changement du ressort judiciaire de la Cour d'Appel de Colmar, sans rétablir dans son intégralité, au moins, le ressort judiciaire de la Cour d'Appel de Colmar avant 1870 ;

Prie M. le Préfet de transmettre cette résolution au Président du Conseil, au Garde des Sceaux et au Corps législatif.

Adopté par le Conseil général, dans sa séance du 7 mai 1926.

ANNEXE No. 7.

Vœu du Conseil Général du Haut-Rhin adopté dans sa séance du 7 mai 1926.

« Le Conseil général exprime le vœu :

« Que le Parlement ne donne pas suite au projet de loi déposé, concer-
« nant la séparation du département de la Moselle de la Cour d'Appel de
« Colmar et son rattachement à la Cour d'Appel de Nancy. Cette mesure
« porterait atteinte aux intérêts légitimes, non seulement de la Ville de
« Colmar, dont le bâtiment de la Cour d'Appel a été adapté aux besoins de
« nos trois départements, mais aussi à l'unité de la législation d'Alsace et
« de Lorraine et aux intérêts de la population de la Moselle. »

Adopté par le Conseil général, dans sa séance du 7 mai 1926.

ANNEXE No. 8.

Résolution de la Chambre des Notaires de Saverne du 1er Mai 1926.

Les notaires ressortissants de l'arrondissement judiciaire de Saverne, réunis en assemblée générale le 1er mai ;

Après avoir pris connaissance du projet de loi déposé le 3 avril 1926 à la Chambre des Députés, et ayant pour but :

1. De créer une Cour d'Appel détachée à Metz ;
2. De changer la composition des ressorts des Tribunaux civils de Saverne et de Sarrebourg, en détachant l'arrondissement de Sarrebourg du ressort de Saverne pour le rattacher à celui de Sarreguemines et en détachant les cantons de Druling et de Sarre-Union de Sarreguemines pour les rattacher au ressort de Saverne, protestent contre les changements prévus et contre le vote d'un projet :

1) qui dispose d'une partie de notre population, contre la volonté clairement exprimée de cette population dans de nombreuses résolutions de leurs conseils municipaux ;
2) qui lèse les intérêts des justiciables en les éloignant du siège de leur Tribunal civil, qui leur impose des détours ridicules pour leur voyage au siège du Tribunal, qui ne tient absolument pas compte ni de la situation géographique ni des communications créées depuis l'organisation administrative des contrées frappées par le projet de loi, qui oblige la population de retirer leurs affaires à leurs hommes de confiance et de les confier à d'autres, qu'ils ne connaissent pas ;
3) qui change, après dix mois d'existence seulement, la loi du 17 juillet 1925, élaborée après de longues délibérations et discussions, destinée à protéger la situation des notariats menacés par la restriction de la compétence, et ce sans délai accordé aux notaires pour sauvegarder la situation.

Pour ces raisons, les notaires de l'arrondissement judiciaire de Saverne adoptent à l'unanimité le vœu :

Qu'on ne touche pas *continuellement* aux institutions locales, qui ont fait leurs preuves, qu'on ne lèse pas *continuellement* les droits acquis et qu'on ne heurte pas *continuellement* les intérêts et habitudes de notre population, causes du profond malaise qui règne en Alsace et en Lorraine, et particulièrement, que le projet de loi soit rejeté par la Chambre.

Pour extrait conforme du procès-verbal de la séance de la Chambre des Notaires du 1er mai 1926.

Le Secrétaire,
Signé : AUFSCHLAGER.
Notaire à Saverne.

ANNEXE No. 9.

Conseil Général du Bas Rhin.

Session de Mai 1926.

Le Maire de la Ville de Saverne a adressé au Président du Conseil général une requête relative au projet de loi soumis à la Chambre, tendant à la création à Metz d'une Cour d'Appel pour le département de la Moselle, ou plutôt d'une Chambre détachée de la Cour d'Appel de Nancy. Cette création aurait pour résultat de séparer du Tribunal de première instance de Saverne cinq cantons sur quinze, savoir : ceux de Phalsbourg, Sarrebourg, Lorquin, Réchicourt et Fénétrange. Le ressort du Tribunal de Saverne perdrait environ un tiers de ses justiciables et le rattachement à Saverne des cantons de Druling et de Sarre-Union ne pourrait qu'insuffisamment compenser la perte.

Si ce projet était adopté par le Parlement, le préjudice causé à la Ville de Saverne et à son Tribunal serait considérable.

Pour ce motif, le Conseil municipal de Saverne, à la séance extraordinaire du 21 octobre 1925, a protesté énergiquement contre cette mesure.

M. le Maire de Saverne, par sa lettre du 30 avril 1926, adressée au Président du Conseil général, renvoie à cette délibération du Conseil municipal, signale que le Conseil municipal de *Sarrebourg*, de son côté, s'oppose au rattachement prévu de Sarrebourg au Tribunal de Sarreguemines, et prie de vouloir bien amener une décision du Conseil général demandant le maintien de l'état de choses actuel, en ce qui concerne le ressort du Tribunal de première instance de Saverne.

Votre Ire Commission estime qu'en effet les changements envisagés par le projet de loi en question sont contraires à une bonne administration de la justice et lèsent considérablement les intérêts des populations de Saverne. Elle vous prie de vous associer à la protestation du Conseil municipal de cette ville, d'émettre le vœu que l'Administration s'abstienne de poursuivre la réalisation de ce changement et d'engager les Parlementaires du département du Bas-Rhin à user de toute leur influence pour empêcher le vote de ce projet de loi.

Cette résolution a été adoptée par le Conseil général du Bas-Rhin à l'unanimité.

www.ingramcontent.com/pod-product-compliance
Ingram Content Group UK Ltd.
Pitfield, Milton Keynes, MK11 3LW, UK
UKHW022143260726
13993UKWH00005B/2132